AF506204

Tonga soa

Fintina

Sommaire

À propos de moi

Manao ahoana, ny anarako dia ....
Bonjour, je m'appelle

Izaho dia
je suis

☐ **zazavavy**   ☐ **zazalahy**

ny daty nahaterahako dia ....
Ma date d'anniversaire est

Izaho dia monina ao...........................
Je vis à

Ny loko

Les couleurs

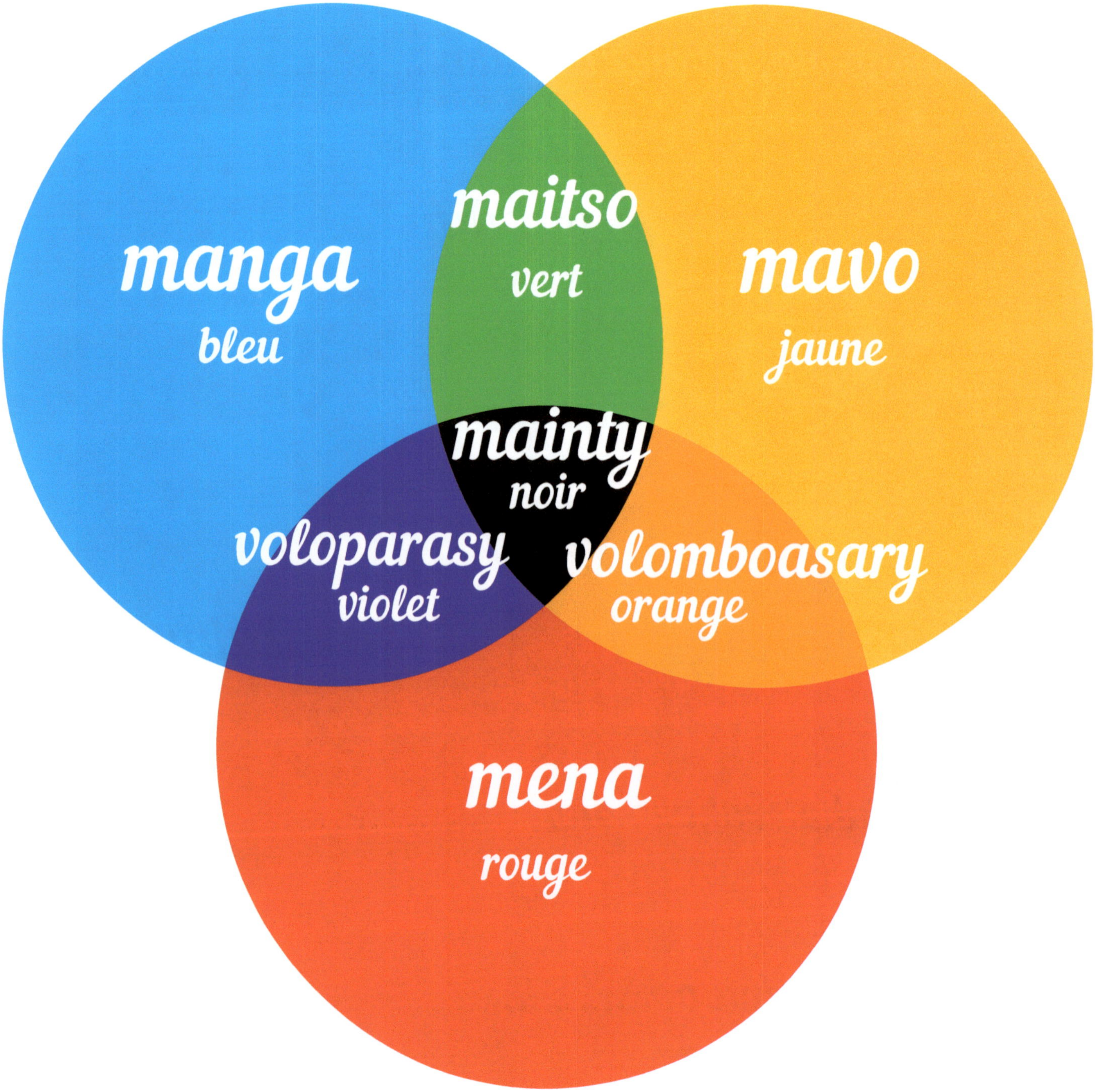

manga
bleu

maitso
vert

mavo
jaune

mainty
noir

voloparasy
violet

volomboasary
orange

mena
rouge

Ny ankohonana
La famille

dada
papa

zazakely
bébé

nenibe
mamie

anabavy
soeur d'un garçon
rahavavy
soeur d'une fille

neny
maman

anadahy
frère d'une fille
rahalahy
frère d'un garçon

dadabe
papi

Ny marika

Les chiffres

6 enina
six
7 fito
sept
8 valo
huit
9 sivy
neuf
10 folo
dix

Ny endrika

Les formes

efajoro
carré

kintana
étoile

boribory
cercle

telezoro
Triangle

fo
coeur

mahitsizoro
Rectangle

Les animaux

saka
chat
trondro mena
poisson rouge
alika
chien
vorona
oiseau

Ny biby fiompy
Animaux de la ferme
akohovavy
poule
ombivavy
vache
kisoa
cochon
ondry
mouton
soavaly
cheval

Ny bibin-dranomasina

Animaux de la mer

Ny bibin-tanety

Animaux de la Savanne

Sakafo
Nourriture

paoma
pomme

mofo
pain

zavoka
avocat

hena
viande

ronono
lait

voatabia
tomate
paty
pâtes
fromazy
fromage
atody
oeuf
legioma
légumes

Ampio i Pierra hitady ny mofo tiany indrindra

Aide Pierre à retrouver son pain préféré

vêtements

kaskety
casquette

fehintenda
écharpe

ankanjo ba
pull

pataloha
pantalon

kiraro
chaussures

Fitafiana

vêtements

satroka
chapeau

akanjo
robe

kiraro matsoko vody
talons aguilles

L'école

penina
stylo
boky
livre
hety
ciseaux
kitapo
cartable
solaitrabe
tableau

mampianatra
professeur

birao
bureau

fisakafoana
cantine

namana
amis

abidy
alphabet

A B C D E F G
H I J K L M N
O P Q R S T U
V W X Y Z

Ny fiara

Véhicules

fiarakodia 
voiture

angindimby
hélicoptère

môtô
moto

bisikileta
vélo

fiaramanidina
avion

sambo
bateau

kamiao
camion

fiaran-dalamby
train

traktera
tracteur

fitanteram-bahoaka
bus

Drapeau

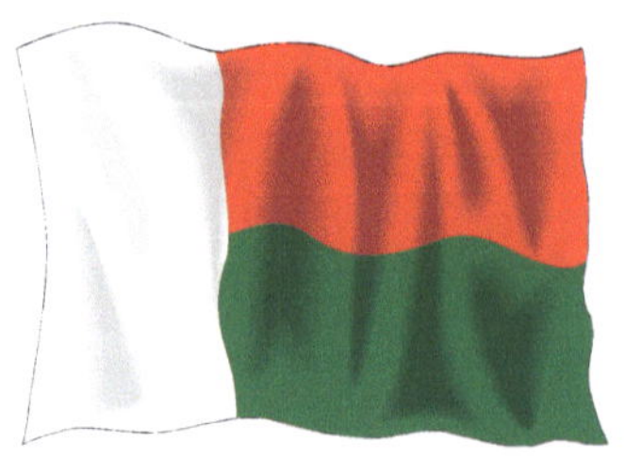

Lokoy ny sainam-pirenena malagasy

Colorie le drapeau de Madagascar

Ny trano

Maison

garazy
garage

varavarankely
fenêtre

pisinina
piscine

varavarana
porte

zaridaina
jardin

Salon

famindroana
cheminée
fahitalavitra
télévision
karipetra
tapis
latabatra ambany
table basse
seza lava
canapé

Retrouve Madagascar

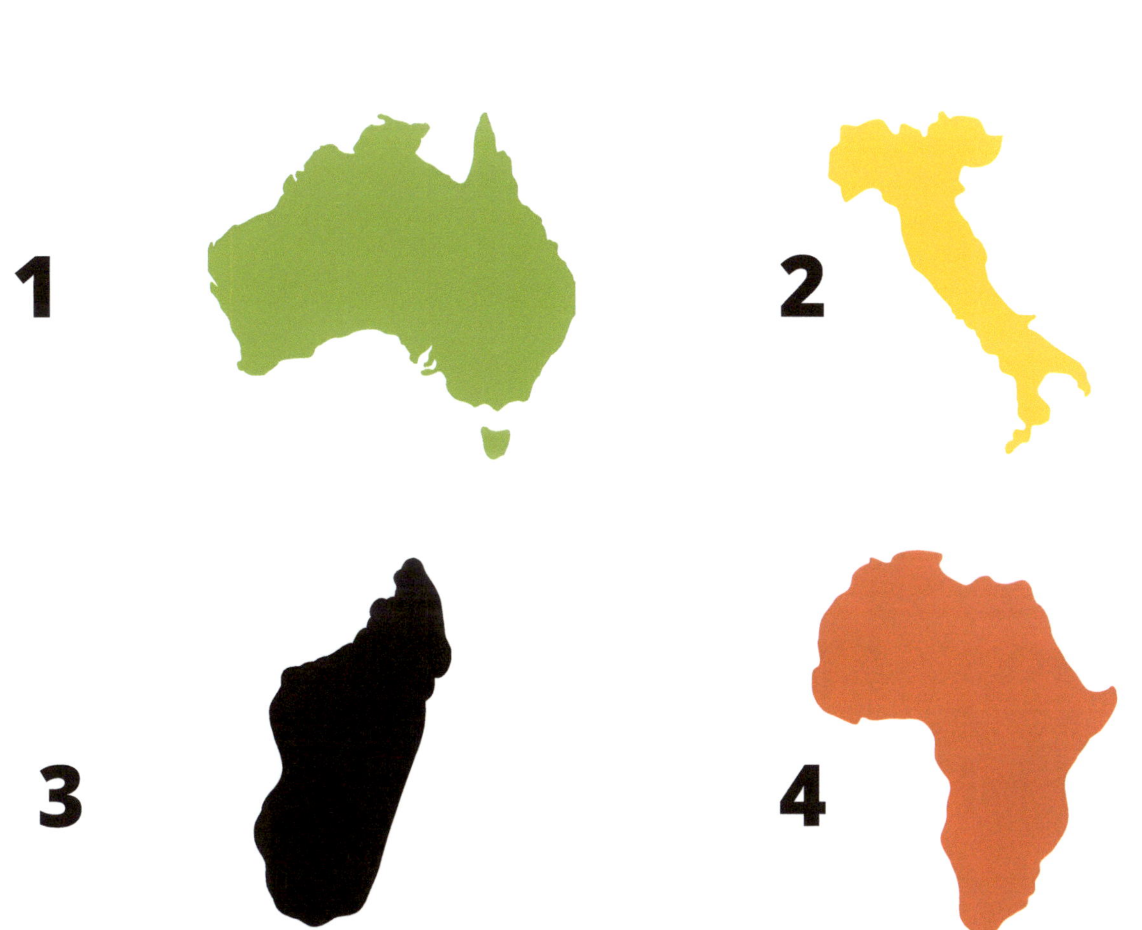

Ny efitra fatoriana

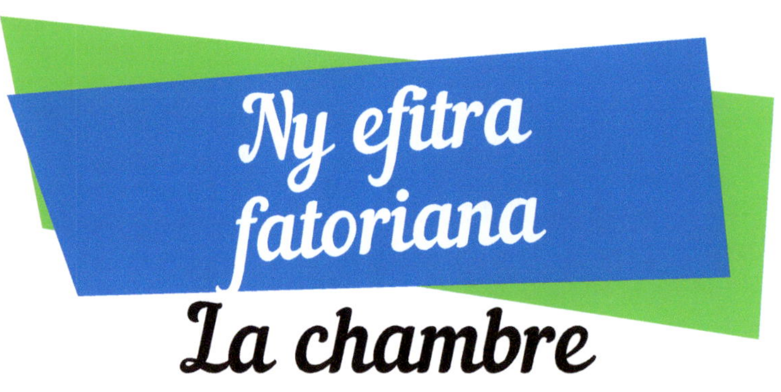

La chambre

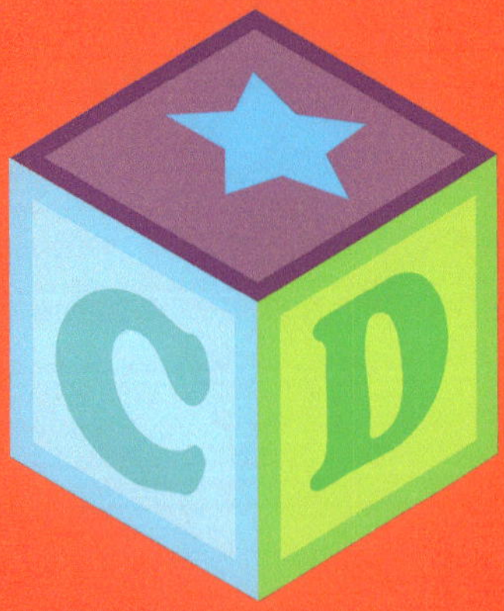

kilalao

jouet

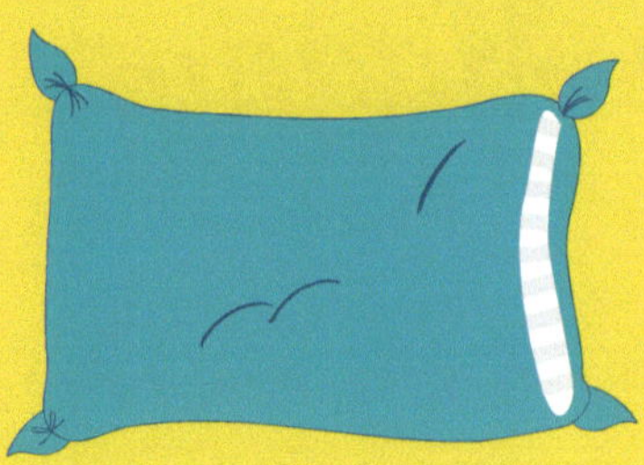

ondana

oreiller

fandriana

lit

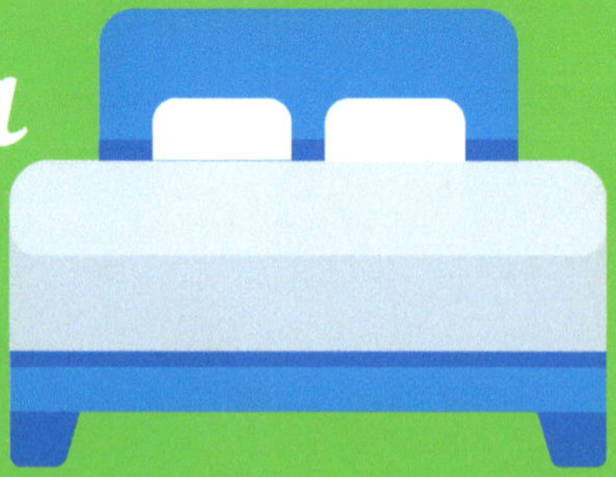

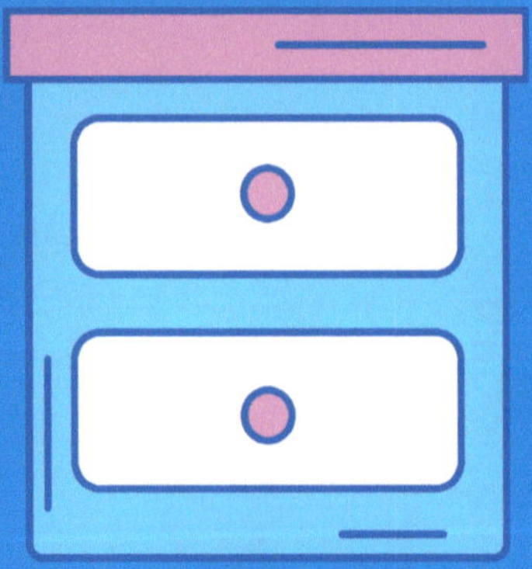

fampirimana akanjo

commode

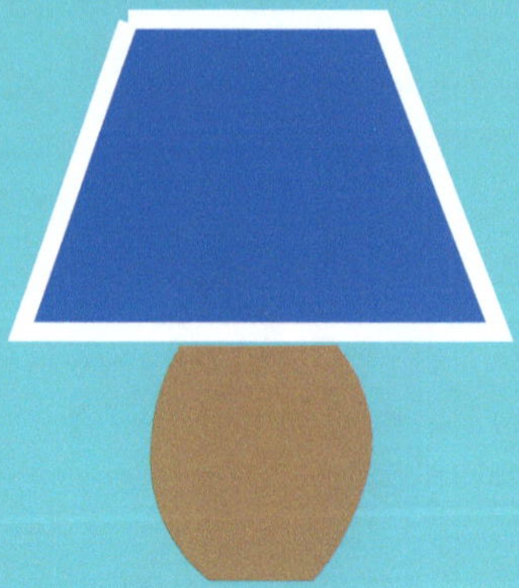

jiro

lampe

nonorisa
nounours
tsihy filalaovana
tapis de jeu
fifohazana
réveil
nofy
rêve

Ny lakozia

La cuisine

serviette de table
famaohana
an-databatra
lovia
assiette
antsy
couteau
forosety
fourchette
vera
verre
sotro
cuillière

Salle de bain

dantifirisy
dentifrice

savonim-bolo
shampoing

famaniana
toilettes

roatra
bulles

kovetabe fandroana
baignoire

kafe
café
dite
thé
soda
soda
ranom-boankazo
jus de fruits
rano
eau

Le corps humain

dihy
danse
baolina kitra
football
lomano
natation
baskety
basketball
hazakazaka
course à pied

fitaingenan-tsoavaly
équitation
jono
pêche
ski
ski
tifitra zana-tsipìka
tir à l'arc
hanika
escalade

Ny fihetseham-po

émotions

faly
heureux

latsa-pitia
amoureux

malahelo
triste

kivy
déçu

tezitra
en colère

leo
ennuyé

Ny asa

métiers

Ny natiora

Nature

Ny natiora

Nature

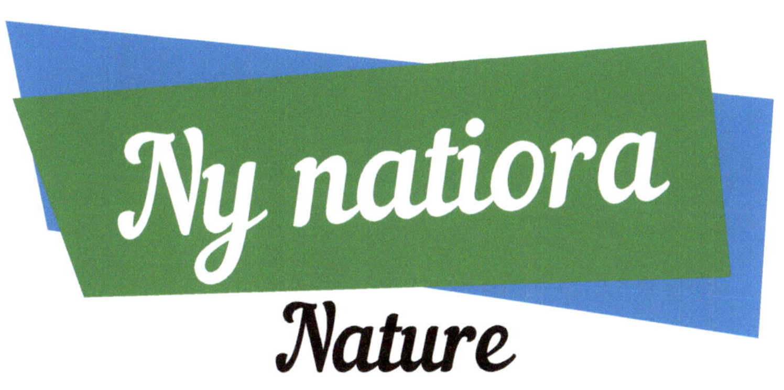

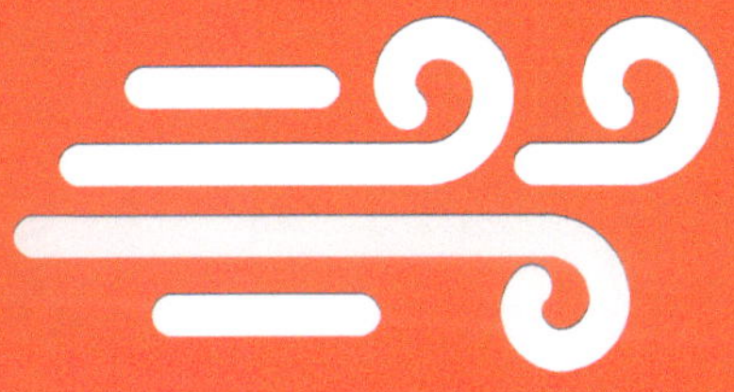

rivotra

vent

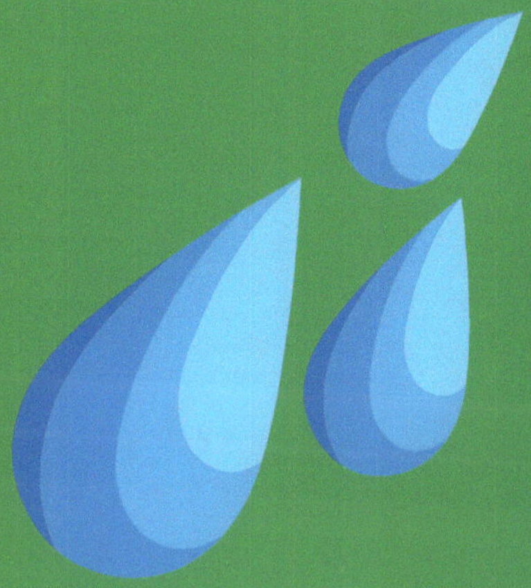

rano

eau

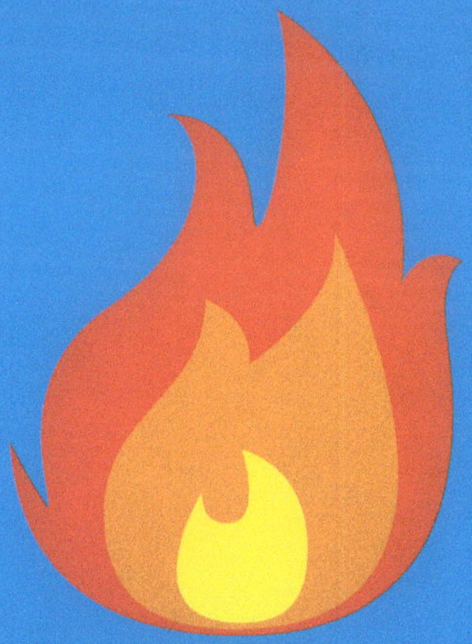

afo

feu

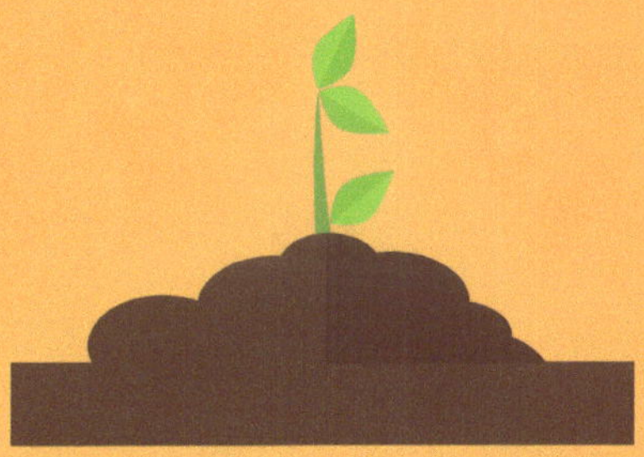

tany

terre

Ny
tendrombohitra
Montagne
lanezy
neige
ala
forêt
renirano
rivière
vato
rocher
hazonoely
sapin

Mer

fasika
sable
onja
vague
morondrano
plage
elobe
parasol
masoandro
soleil